弹力带八段锦操

主编　吕伟波　程康耀　王　惠

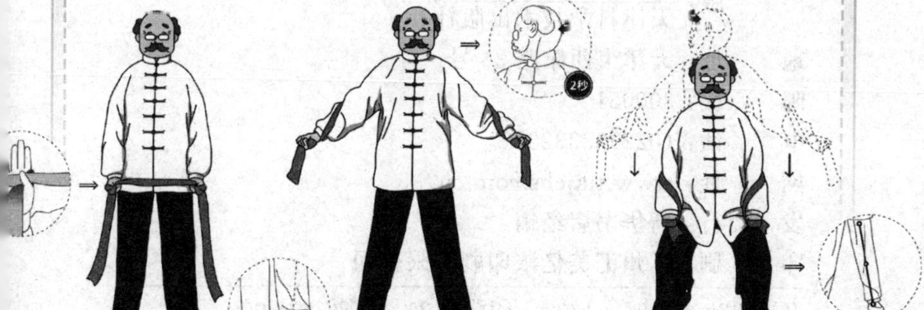

天津出版传媒集团
天津科学技术出版社

图书在版编目(CIP)数据

弹力带八段锦操 / 吕伟波，程康耀，王惠主编. --天津:天津科学技术出版社，2023.9

ISBN 978-7-5742-1173-5

Ⅰ. ①弹… Ⅱ. ①吕… ②程… ③王… Ⅲ. ①八段锦—基本知识 Ⅳ. ①G852.9

中国国家版本馆 CIP 数据核字(2023)第 087589 号

弹力带八段锦操

TANLIDAI BADUANJINCAO

责任编辑：陶　雨

出　　版：天津出版传媒集团 / 天津科学技术出版社

地　　址：天津市西康路 35 号

邮　　编：300051

电　　话：(022)23332372

网　　址：www.tjkjcbs.com.cn

发　　行：新华书店经销

印　　刷：涿州汇美亿浓印刷有限公司

开本 889×1194　1/32　印张 3.25　字数 104 000

2023 年 9 月第 1 版第 1 次印刷

定价：32.00 元

编　委　会

主　　编　吕伟波　程康耀　王　惠

副 主 编　朱颖逸　叶文佳　周　周

　　　　　刘景霞　裴常乐

美术编辑　管晨超

总　序

您是否为选择科学的健身方法而整日烦扰？您是否一方面想锻炼心肺功能，一方面想增加肌肉力量，在慢跑、游泳、八段锦、自行车与哑铃、深蹲、俯卧撑之间来回横跳，时时警惕受伤，抑或难以长期坚持？

弹力带八段锦操，是由上海中医药大学吕伟波教授团队研发的新型健身操，在国家体育总局编制的健身气功·八段锦基础上融合弹力带改编形成。

不同于传统先行八段锦后做弹力带的“1＋1”的运动形式，将弹力带和八段锦融合于同一套健身操中，发挥有氧、抗阻运动效果的同时，协调柔韧性和平衡能力，达到更短运动时间的效益。

编　者

目　录

第一章

弹力带八段锦操运动概述

第一节 运动起源

运动方式包括有氧运动、抗阻运动、柔韧性和平衡训练。相关体育活动指南推荐进行有氧运动、肌肉增强和骨骼强化活动;有中医诊疗标准指出,中医手段也具有一定的优势,《“健康中国 2030”规划纲要》进一步指出:“鼓励开发适合不同人群、不同地域特点的特色运动项目,扶持推广太极拳、健身气功等民族民俗民间传统运动项目。”更能有效地将定期体育活动纳入到日常生活中来。

中医传统功法是一种基于“形气神”三位一体生命观的运动方式,包括五禽戏、易筋经、八段锦和太极拳等,将中医理论作为基础,以阴阳、五行等学说作为指导,达到养生保健、防病治病的功效。

八段锦,作为中医传统功法的一种,已有八百多年的历史,起源于北宋。八段锦最初为治疗疾病的一种“舞”,慢慢演变成了现在所称的导引术,即“八段锦”。根据现有文献,分为坐式八段锦、十二段锦、十六段锦和立八段锦,国家体育总局健身气功管理中心委托北京体育大学对立八段锦进行重新研究与整理后，将之定名为健身气功·八段锦，此版本目前流传最广、大众影响力最强。本研究也基于此版本进行改良。

八段锦作为中低强度的运动形式，融合形体活动、呼吸吐纳、心理调节等功能，因其用时短、简易好学、不受地理环境影响、动作可复制性强而受到人们的喜欢。而八段锦作为一种需要肢体运动和呼吸配合、身心投入的综合运动方式，起效的关键在于要求习练者达到调身、调息、调心的标准，即将意念、呼吸和姿势三者融为一体，达到形神合一的境界。因此，当前面临两方面的问题：如何协调三者达到习练标准？同时在统一八段锦习练标准前提下，如何评价及确保习练者练习的标准性？

抗阻运动属于无氧运动，通过肌肉克服外来阻力达到运动效果，防止肌肉质量和肌肉功能的退化，主要用于增加肌肉力量和爆发力。弹力带作为抗阻运动常用工具，其达标标准与八段锦“调身”“调心”“调息”的运动理念相契合，同时弹力带避免了场地、时间、成本受限等阻碍，由于被拉伸引起可变的阻力，使用者还可依据自身情况调节动作幅度和负荷，从而使安全性得到保障。因此引入“弹力带八段锦操”这一新运动，在八段锦操的运动过程中融入弹力带，既可以发挥两种运动的综合优势，又可以大幅度节约时间成本，利于运动管理效益的提升。

第二节　运动特点

八段锦与弹力带的适配性：

一、弹力带动作的达标度与八段锦的“调息”原则适配

弹力带有效练习的达标标准之一是拉伸的持续时间。要求在弹力带练习中把握外拉、回收的时间差。而练好八段锦关键在于掌握呼吸的配合。八段锦对呼吸的标准决定了每个动作的持续时长，呼吸分为三个部分：吸气、屏气和呼气，要求动作速度按呼吸频率调整。但往往在八段锦习练中，易出现呼吸频率配合动作速度的误区，因此，将弹力带操融入于八段锦的动作中，可以督促八段锦的动作速度，进而提升运动效益。同时，国外有研究提出，哑铃或重量训练的工具在调整呼吸功能方面作用显著，而弹力带阻力和呼吸练习有助于构成更有效的临床锻炼计划。可见，弹力带练习同样也可以促进呼吸的维持，为八段锦增效添翼。

二、弹力带的动作标准化与八段锦的“调身”原则适配

健身气功·八段锦以肢体动作为引，通过肢体运动达到强壮筋骨、调理脏腑经络的作用。八段锦的动作势能中，讲究“松紧结合，动静相兼”，定势动作如“两手托天理三焦”的上托、“左右开弓似射雕”的马步开弓等，外观动作虽表现停顿，但相关的肌肉、关节仍需要继续用力保持拉伸，后再徐徐放松，松紧配合以激发和启动内气的运行。但在具体运动的过程中，停顿时极容易由紧转松，难以维持肌肉的拉伸。而弹力带另一个达标标准：动作的标准化程度同样要求拉伸到位，在可变负荷运动条件下，肌肉在完成向心/离心收缩时均需克服弹力带的外力做功，使肌肉得到更细微、深层、全面的锻炼。弹力带与八段锦结合，既符合八段锦“松紧结合”的要求，又可以督促弹力带动作的标准程度，有机结合，共同提高锻炼效果。

三、八段锦的“调心”原则引导主观能动性

心境平和有利于体内气机升降，八段锦的“调心”原则源于中国古代心理锻炼的方法，强调练习者自身对自体的功能心理调节，更加具有主观能动性。调心，也称之为意念，通过发挥决定地位的主导作用，引导呼吸、体势达到自我锻炼的效果。三调之间的关

系，始终相辅相成，是一个“三调分离到三调合一”的锻炼过程。弹力带的达标标准与八段锦“调身”“调心”“调息”的运动理念相契合，因此，在八段锦操的运动过程中融入弹力带，既可以发挥联合运动的综合优势，又可以大幅度节约时间成本，利于运动管理效益的提升。

弹力带八段锦操既符合低强度、长时间有氧运动的特征，又符合抗阻运动的特征：

一、发挥机制互补的优势

八段锦作为有氧运动，有利于强化心肺功能，氧气和营养成分就更容易运送到我们的组织器官细胞当中去，更有利于机体的健康，有利于提升免疫力。弹力带作为抗阻运动工具，可以更好地促进肌肉的生长，提升肌肉含量、运动能力和平衡能力，充分保护关节和骨骼。

二、高效运动效果，减轻锻炼负担和精神压力

联合运动的方式比单一的运动方式对身体健康的改善效果更加出色。长期以来日益增加的运动负担，易使运动信念减弱，从而导致运动量难以达标。联合运动的方式相比单一运动而言，在发挥运动最佳

效果的同时，增加了运动信心，从而以最低运动成本达到最大的健康获益。

三、增加运动多样性

长期只进行一种运动方式，会增加运动损伤的发生率，比如长期打乒乓球，容易出现肩部、腕部的劳损；长跑的人，容易产生膝关节慢性滑膜炎等。而弹力带八段锦操增加了运动的多样性，同时，可以提高长期运动的兴趣。

第二章

弹力带八段锦操运动前准备

第一节 功法基础

一、步型

1.并步

身体正直，两脚并步站立，双腿并拢，两臂自然垂于体侧，两手心向里，两指尖向下，重心落于两腿，目视前方。

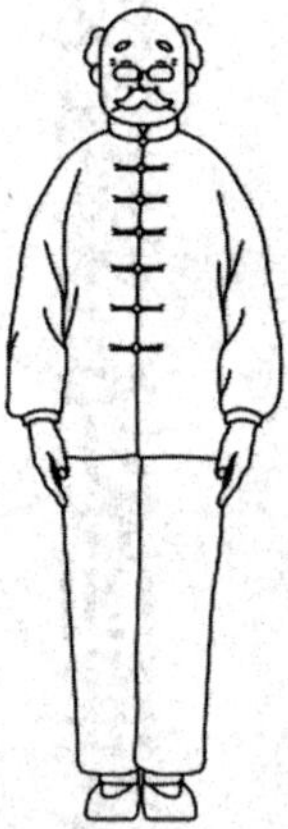

2.小开步

身体直立，双腿分开与肩同宽，一般是左开步，身体重心先移在右腿上，右腿屈膝松胯，左脚向左侧迈出，脚跟内侧着地，手臂自然下垂，躯干保持伸直稳定，腹部用力收紧。

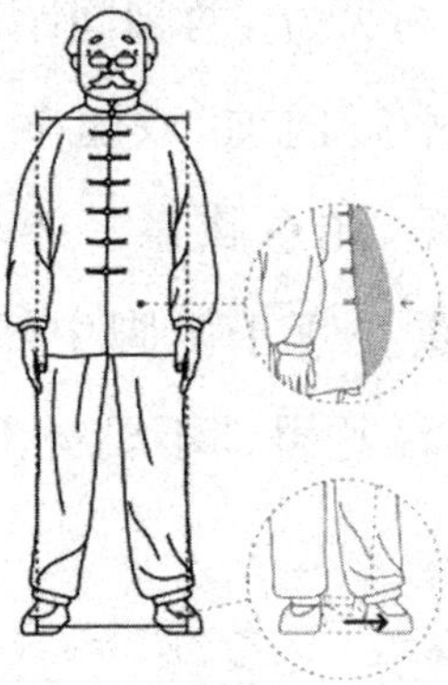

3.大开步

身体直立，双腿分开稍宽于肩，一般是左开步，身体重心先移在右腿上，右腿屈膝松胯，左脚向左侧迈出，脚跟内侧着地，手臂自然下垂，躯干保持伸直稳定，腹部用力收紧。

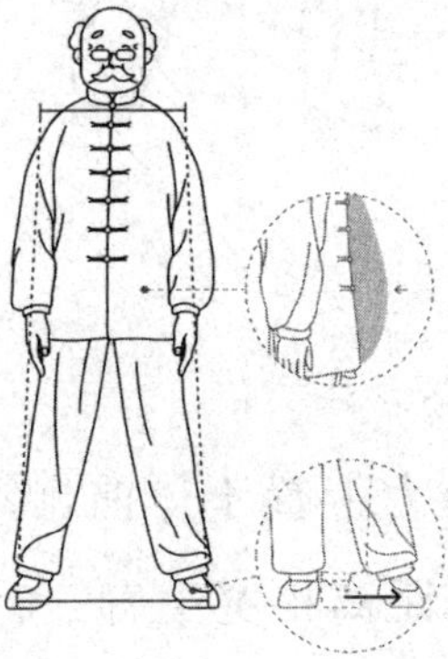

4.马步

双腿分开，平行开立，两脚间距离约宽三个脚掌，下蹲后脚尖保持平行向前，双腿微屈，切忌外撇。两膝盖向外用力支撑，注意膝盖不能超过脚尖，大腿与地面保持平行。重心落于两脚中间，上身保持直立。同时胯向前内收，注意臀部不要突出，头往上顶，头顶如被一根线悬住。

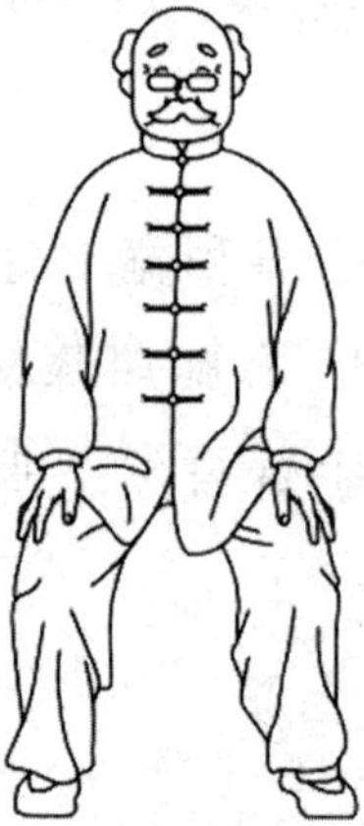

二、姿势

1.弹力带缠绕方法

向前缠绕：弹力带置于体前，弹力带松弛状态下两手分别握两端，距离稍宽于肩。后将弹力带于手腕处缠绕一周，两手握弹力带，此时距离应与肩同宽。

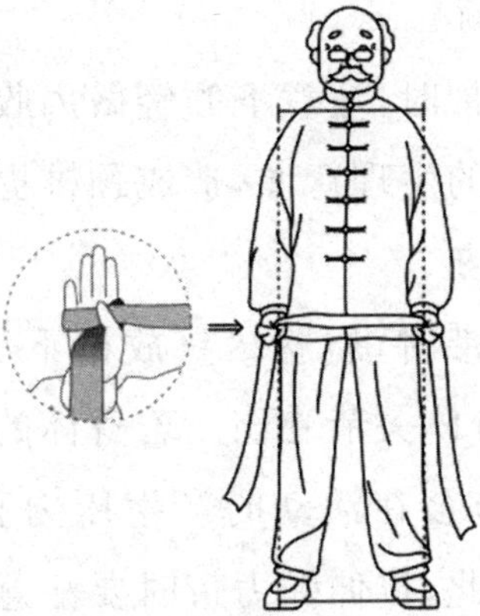

向后缠绕：弹力带从肩膀后方绕过，弹力带自然垂于两个胳膊内侧，然后由胳膊内侧向胳膊外侧缠绕，握于两掌间，弹力带之间的距离以胳膊自然架起无勒紧感为宜。

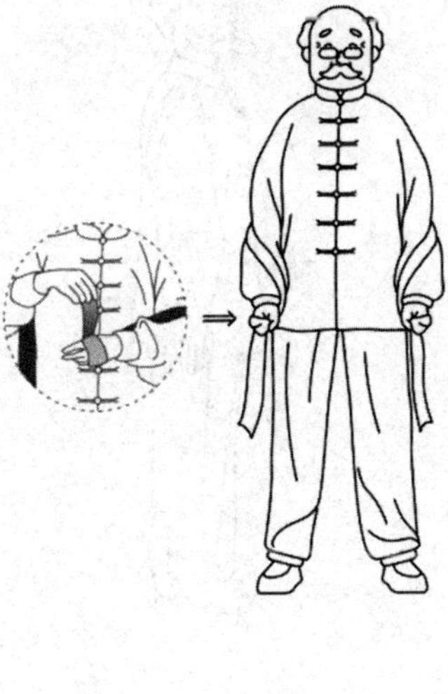

2.收领抬额

拉伸弹力带时，注意下颌轻微内收，头不要前倾。以防改变颈椎的生理弯曲，造成颈椎提前退化。

3.沉肩挺胸

拉伸弹力带时，肩膀尽量放松下沉且往后收，同时挺胸，避免身体关节受伤。若身体的关节处在不良的位置上，关节会在活动时产生压力和磨损，从而导致其受伤。因此，拉伸弹力带时要注意肩膀尽量往下沉并且往后收。

4.直背收腹

训练时，尽量使骨盆保持在中立位，不要前倾或后倾，能增加躯体的稳定性，防止身体不稳导致受伤。

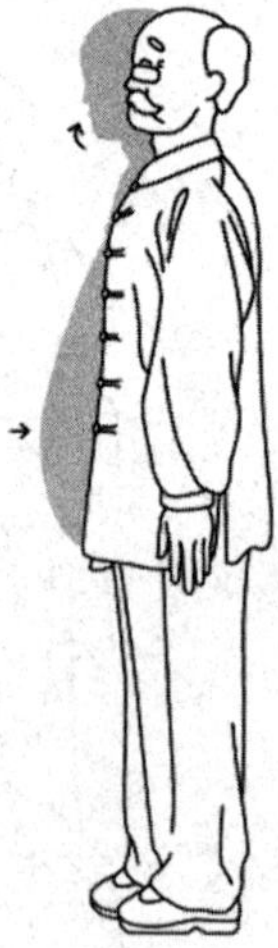

三、呼吸

1.自然呼吸

保持平时的呼吸习惯，自然呼吸分为两种，一种是胸式呼吸，另一种是腹式呼吸。自然呼吸，是指没有经过意识的行为，自动缓慢地进行呼吸、吐气，逐渐放缓形成一个非常放松的、舒适的节奏。

2.停闭呼吸

是指习练过程维持短暂的不呼不吸状态。停闭呼吸主要有两种形式，一是呼吸之间作短暂的停闭，即吸—停—呼；二是在呼吸之后短暂的停闭，即吸—呼—停。但无论是呼吸之间还是呼吸之后的停闭呼吸，停闭的时间长短均要因人而异，总体原则以不紧张、不憋气为准。弹力带八段锦操中多为吸—停—呼的停闭状态。

第二节　运动前准备

一、运动前评估

1.自身

检查鞋袜及足部，穿着舒适。血糖、血压、脉率值等均在正常区间。

2.环境

选择安全、宽敞的环境锻炼；避免在高温、高湿的环境中运动。

3.监测指标

参考“糖尿病综合医学评估表”，包括发病特点、综合治疗情况、并发症及合并症、心理社会状况、健康教育和自我管理等综合评估。

二.运动类型

1.弹力带八段锦操的联合运动类型

包括预备式、收势及基于八段锦基础上改良的 8 个动作，共 10 个动作招式，同时配合呼吸和意念活动以及热身的 4 个动作和放松的 3 个动作。

三、运动强度

属于低中等强度。

四、运动时间

1.持续时间

一套完整弹力带八段锦操动作时长约 15min，每次练习 2 遍。

2.起始时间

餐后 2h。

五、运动频率

3～4 次/周，具体时间习练者自行安排，要求间隔一天进行。

六、运动工具

1.弹力带：Thera-Band 弹力带

四种颜色拉伸 1 倍的阻力值依次为：1.4kg（黄色）、1.7kg（红色）、2.1kg（绿色）、2.6kg（蓝色）。

2.弹力带选择：依据练习者测评结果决定

练习者正式训练前，先跟练一套完整运动方案，符合 PRE 主观体力感等级评定量表中评分 12～14 分（自觉有点吃力），即为适宜强度的负荷。

3.弹力带更换:评估1次/2周

①心率<(220-年龄)×60%或PRE<11分;

②心率>(220-年龄)×80%或PRE>15分。

出现以上任意一种情况时,经专业人员再评估后,可降低或增加负荷,选用相应的阻力值不同的弹力带。

七、安全性保障

1.确保充足的水分摄入

运动前应确保充分的水分摄入(进行体力活动前2h摄入500mL液体)。运动中,应尽早、频繁地补充足够的水分,以弥补身体在活动中产生的汗液损失,或在不引起任何胃肠不适的情况下,以舒适的耐受量补充尽可能多的水分。

2.在所有情况下都必须避免惰性和长期高血糖。

3.避免弹力带过伸

即勿将弹力带拉伸长度＞原长度的3倍。进行下肢运动需要踩踏弹力带时，注意避免弹力带卷曲，以防不慎滑倒。

4.安全性评估

运动前通过Berg平衡量表进行平衡性评估，同时运动前后及过程中通过运动日记及主观体力感等级评定量表评估安全性。一旦自觉不适即刻暂停，由专业人员进行评估后调整运动强度。

5.处理方案

一旦出现身体不适，由社区全科医生进行评估，并提供处理方案。

八、运动反馈

1.监测反馈

①使用胰岛素的习练者必须进行血糖监测。

②依从性评估：指导习练者完成运动日记，评估能否按方案中的目标训练量完成训练。

2.低血糖反馈

对于使用胰岛素的习练者：

①运动前后：如果血糖值显示血糖水平下降，运

动前应该吃零食。在进行运动时，应携带易吸收的碳水化合物。

②体育活动后夜间低血糖的风险：减少基础胰岛素剂量、适量摄入睡前零食，并使用连续血糖监测仪器进行监测。

③运动相关低血糖的风险：药物剂量可能需要根据运动训练强度进行调整。

九、其他建议

1.打破长时间的静坐

将久坐的时间限制在8h以内。使用电子产品娱乐时间不超过3h。

2.社会支持

需要家庭（亲人和朋友）的支持，社区、邻里的支持，尤其是存在明显认知障碍、运动受限的患者。

第二章

弹力带八段锦操学练指导

第一节　教学版

热身动作

1.动作说明

动作 1:肩部环绕练习

直立,双腿分开与肩同宽,手臂自然下垂,腹部用力收紧,双肩利用肩背肌群力量向前环绕 10 次,再向后环绕 10 次。

肩部环绕

动作 2:摆胯练习

直立,双腿分开略比肩宽,双腿微屈,双手叉腰。上身直立,利用腰胯力量使胯部左右摆动,顺时针、逆时针环绕各 10 圈，注意腹部收紧。

摆胯练习

动作 3：扭膝旋转练习

两腿并拢，屈膝半蹲，两手扶膝，轻轻转动膝部，可以先从左至右转动，再从右至左转动，各自转动或交替转动 10～15 次。

扭膝旋转

动作 4:脚尖环绕练习

直立,双手叉腰,抬起右脚离地 15cm 左右,脚跟固定脚尖画圈,顺时针、逆时针各 10 圈。而后换左脚。

脚尖环绕

2.呼吸方法

自然呼吸。

预备式

1.动作说明

动作1:站姿,身体与地面垂直,重心放于两个前脚掌,两手放于身体两侧,抬头,目视前方,松腰沉髋。

动作2:身体重心先移到右腿,左脚向左侧开步,与肩同宽,脚尖朝前,重心再移动到两腿中间,躯干保持伸直稳定。弹力带于手腕处缠绕一周,两手分别握弹力带两端,自然垂于体前。沉肩垂肘,胸部自然舒展,腹部放松,目视前方。下肢保持开步状态。

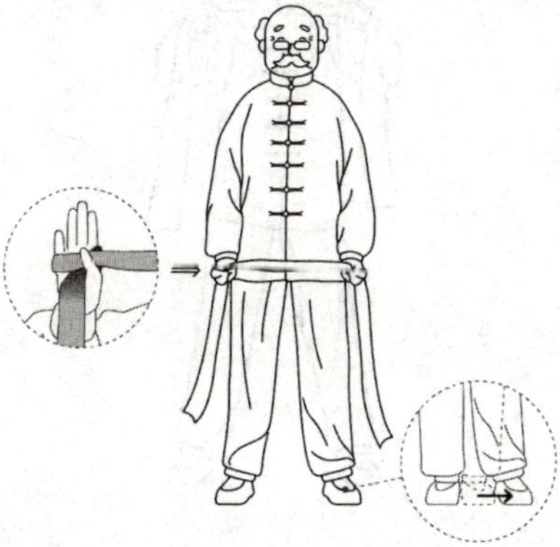

2.呼吸方法

自然呼吸。

3.意念活动

基本姿态,周身放松,气沉丹田。

两手托天理三焦

1.动作说明

动作1:接上式(弹力带起始位置:自然落于体前),缠绕弹力带的两臂持放松状态于身侧两旁抬起,慢慢由胸前逐渐向上举起,拳心朝前,伸展至头顶,过程中保持肘伸直,目视两拳。

动作2:上动不停,两拳继续上举,肘关节同样保持伸直。同时,下颌内收,动作停留2s,两臂仍保持使弹力带放松的状态,目视前方。

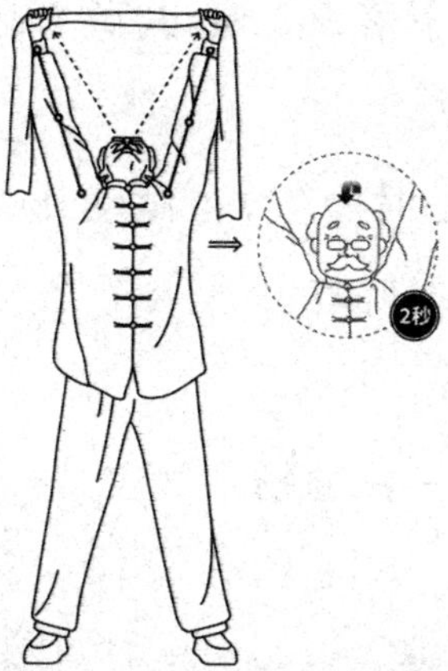

动作 3：两臂于头顶拉伸弹力带至自觉最大限度，缓慢自胸前落下，至预备式动作 1 并步状态，双拳自然落于体前，同时躯干保持直立，目视前方。

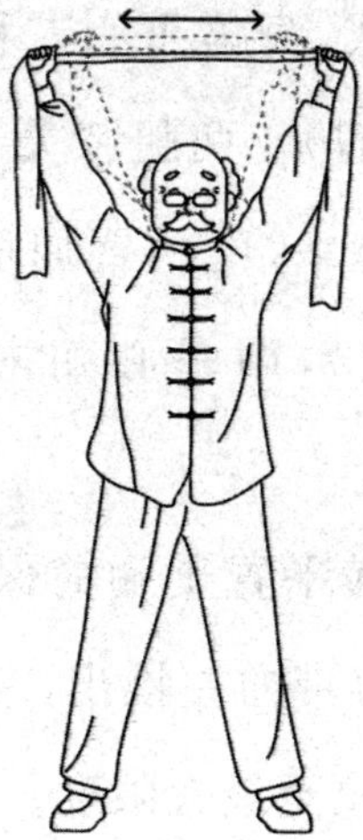

本式托举、下落为1遍，共做6遍。

2.呼吸方法

在做动作1时吸气，在做动作2拉伸时停闭呼吸，在做动作3时呼气。

3.意念活动

顶天立地，三焦通畅。

左右开弓似射雕

1.动作说明

此动作分为左右两式。

- **左式**

动作1：接上式，身体重心右移，松腰沉髋，左脚向左开步（略宽于肩）。两腿膝关节伸直，肩部放松，两掌缠绕弹力带握拳，随两臂屈肘交叉搭腕于胸前（弹力带起始位置），两拳心朝内，左拳在外，目视前方。

动作2：右拳横平置于胸前保持不动，右拳心朝内。左拳拉伸弹力带向左推出，拳心朝外，与身体中线平行，将弹力带拉至最大限度。同时双腿徐徐屈膝下蹲成马步，目视左拳，停留 2s。

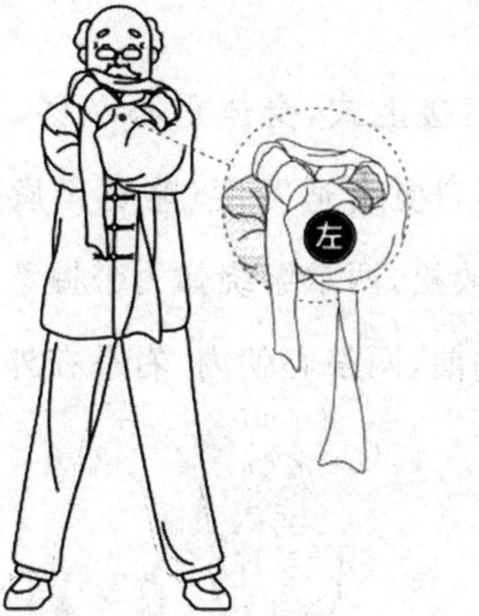

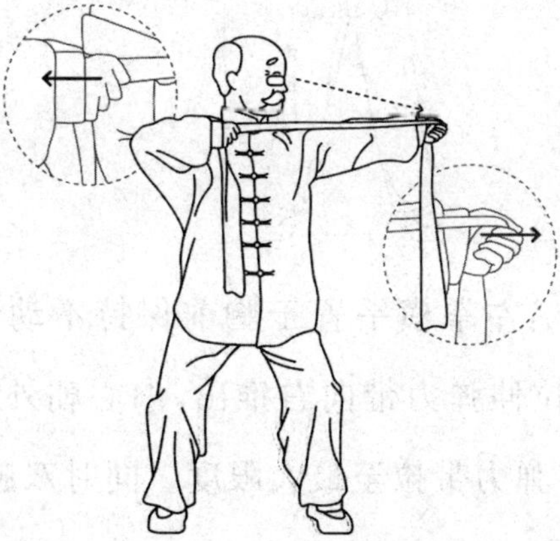

动作 3：身体重心右移，两臂同时呈伸直状态回收弹力带于胸前后回落。收回左脚，马步还原，至预

备式1并步状态，目视前方。

- **右式**

动作4：接上式，身体重心左移，松腰沉髋，右脚向右开步至自觉合适宽度（略宽于肩）。两腿膝关节伸直，肩部放松，两掌缠绕弹力带握拳，随两臂屈肘交叉搭腕于胸前，两拳心朝内，右拳在外，目视前方。

动作5：左拳横平置于胸前保持不动，左拳心朝内。右拳拉伸弹力带向右推出，拳心朝外，与身体中线平行，将弹力带拉至最大限度。同时双腿徐徐屈膝下蹲成马步，目视右拳，停留2s。

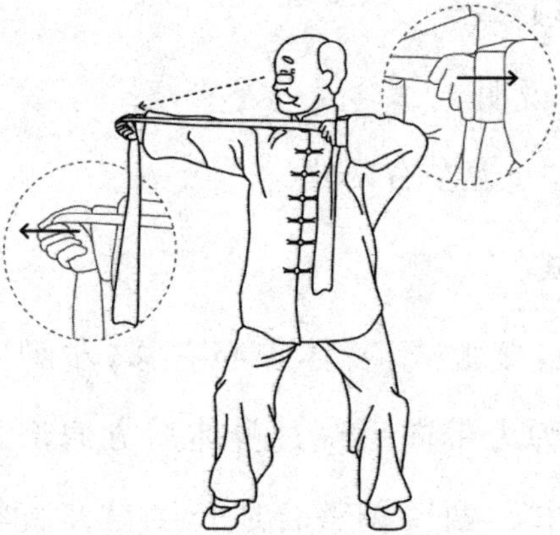

动作6:身体重心左移,两臂同时呈伸直状态回收弹力带于胸前后回落。收回右脚,马步还原,至预备式1并步状态,目视前方。

本式一左一右为1遍,共做3遍。

2.呼吸方法

做动作1、动作4时自然呼吸,两手置于胸前时吸气,做动作2、动作5时呼气,动作停留时停闭呼吸,做动作3、动作6时自然呼吸。

3.意念活动

推掌意念在夹脊,定势意念在食指指尖。

调理脾胃须单举

1.动作说明

此动作分为左右两式。

- **左式**

动作1:接上式,身体重心右移,左脚向左开步,与肩同宽,弹力带向后绕过身体后方肩部,两手分别握弹力带两端,两臂调整合适长度呈伸直状态(弹力带起始位置)。左臂自然拉弹力带上抬,拳心向上,右臂拉弹力带下压,拳心向下,目视前方。

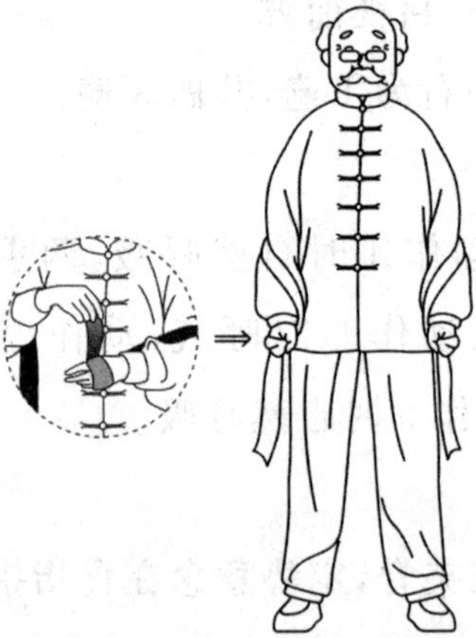

动作2:双臂动作不停,肘关节微屈,左臂上托达头左上方,右臂下压达右胯旁10cm位置,双手力量

聚于掌根,弹力带自然拉伸。动作停留 2s,目视前方。

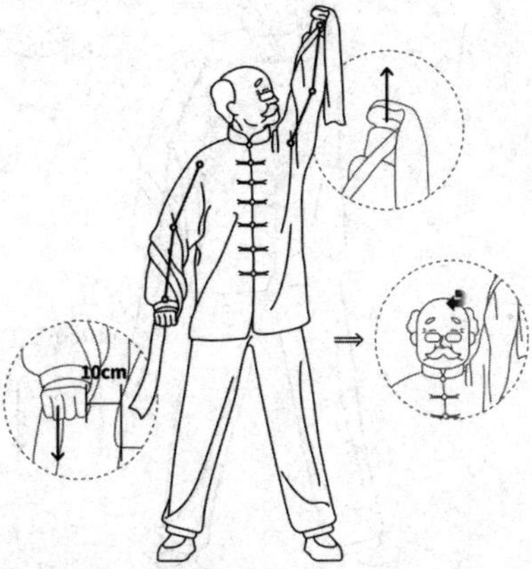

动作 3:两臂自然回落至预备式 2,下肢保持不动,目视前方。

- **右式**

动作 4:同动作 1 的开步式动作。右臂拉弹力带上抬,拳心向上,左臂拉弹力带下压,拳心向下,目视前方。

动作 5:双臂动作不停,肘关节微屈,右臂上托达头右上方,左臂下压达左胯旁 10cm 位置,双手力量聚于掌根,弹力带自然拉伸。动作停留 2s,目视前方。

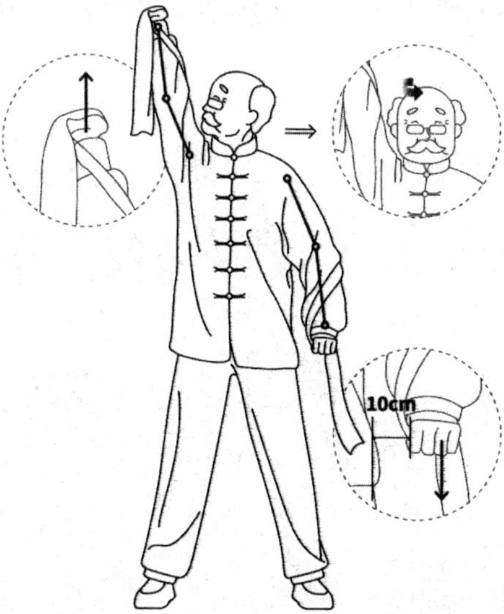

动作 6:两臂自然回落,收回左脚,至预备式 1 并步状态,目视前方。

本式一左一右为 1 遍,共做 3 遍。

2.呼吸方法

做动作 1、动作 4 时自然呼吸,做动作 2、动作 5 时吸气,动作停留时停闭呼吸,做动作 3、动作 6 时呼气。

3.意念活动

动作拉伸定势时意念上手擎天、下手拄地,升清降浊。

五劳七伤往后瞧

1.动作说明

此动作分为左右两式。

· **左式**

动作 1:接上式,向左开步,略宽于两肩,弹力带向后绕过身体后方肩部,两手分别握弹力带两端,两臂调整合适长度呈伸直状态(弹力带起始位置)。拳心朝后,目视前方。

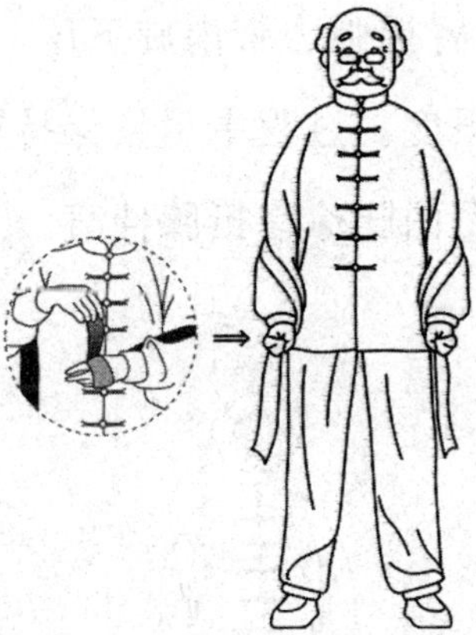

动作 2:两臂握弹力带持放松状态,上动不停,两臂外旋,上摆至体侧 45°,拳心朝上,同时头部向左后方转动,展肩扩胸,保持伸拉,动作稍停顿 2s,目视左后方。

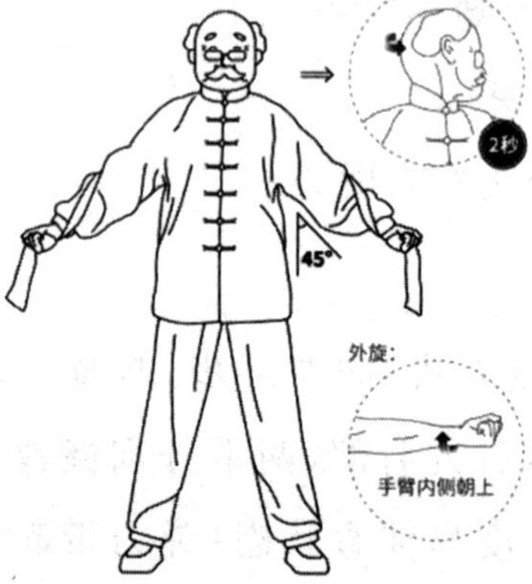

动作 3:松腰沉髋,身体重心缓缓下降,两腿膝关节弯曲,同时两臂握弹力带内旋下压,拳心朝下,将弹力带拉至最大限度。过程中尽量保持肘伸直,头部转正,目视前方,后两腿徐徐挺膝伸直。

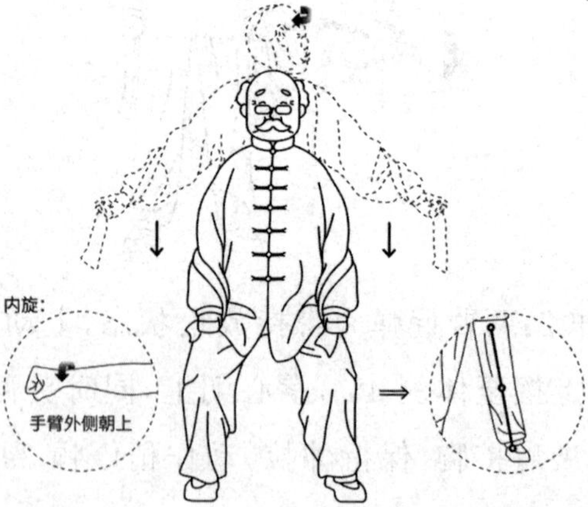

- **右式**

动作 4:接上式,两臂自身体两侧抬起,两臂握弹力带持放松状态,上动不停,两臂外旋,上摆至体侧45°,拳心朝上,同时头部向右后方转动,展肩扩胸,保持伸拉,动作稍停顿 2s,目视右后方。

动作 5:松腰沉髋,身体重心缓缓下降,两腿膝关节弯曲,同时两臂握弹力带内旋下压,拳心朝下,拉弹力带至最大限度。过程中尽量保持肘伸直,头部转正,目视前方。后两腿徐徐挺膝伸直。

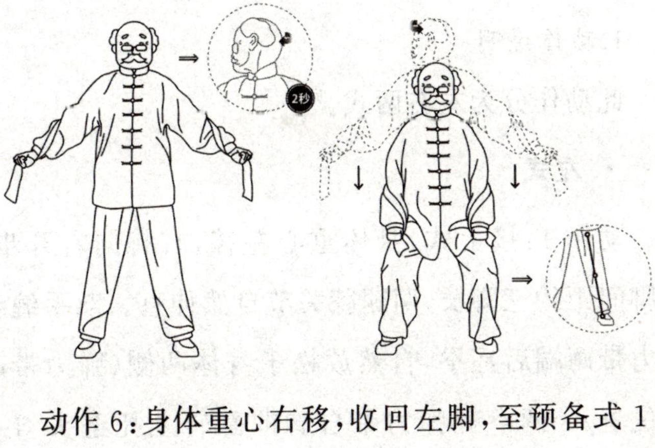

动作 6:身体重心右移,收回左脚,至预备式 1 并步状态,目视前方。

本式一左一右为 1 遍,共做 3 遍。

2.呼吸方法

做动作1时自然呼吸，做动作2时吸气，动作停留时停闭呼吸，做动作3时呼气，做动作4时吸气，动作停留时停闭呼吸，做动作5时呼气，做动作6时自然呼吸。

3.意念活动

做动作1时意念在肩井穴，做动作2、动作4时意念在大椎穴，做动作3、动作5、动作6时意念在丹田。

摇头摆尾去心火

1.动作说明

此动作分为左右两式。

- **左式**

动作1：接上式，身体重心左移，右脚向右开步，两脚间距约三脚长，两腿膝关节自然伸直。双手缠绕弹力带两端后握拳，自然放松于身体两侧（弹力带起始位置）。两拳握弹力带自胸前翻转上托至头斜上方，拳心朝上，肘关节微屈，目视前方。

动作2：身体重心下降，两腿徐徐屈膝下蹲成马步，同时两臂从两侧落下，肘关节弯曲，两拳扶于两膝盖上方，手腕松沉，目视前方。上动不停，身体重心稍起，目视前方。两臂握弹力带，此时持放松状态。

动作 3：身体重心右移，右腿膝关节弯曲，左腿膝关节稍屈，同时上体向右倾斜 45°，目视前方。

动作 4：身体重心稍下降成右偏马步状，上体右转俯身，双手紧握弹力带随运动幅度拉伸，目视右脚尖。

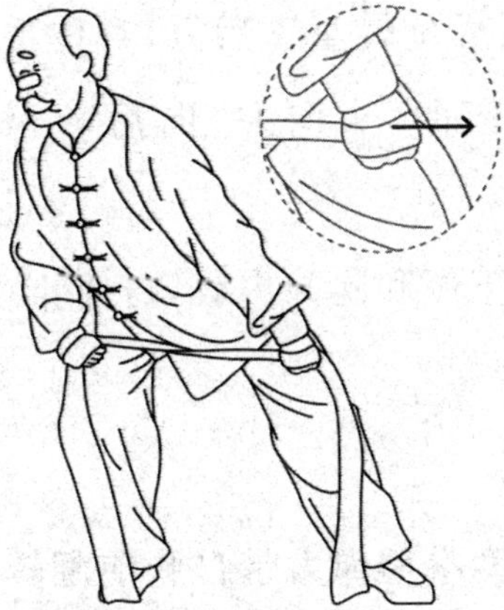

动作 5：上动不停，身体重心左移成左偏马步状，上体保持俯身左旋至左斜前方，双手紧握弹力带随运动幅度拉伸，目视右脚跟。

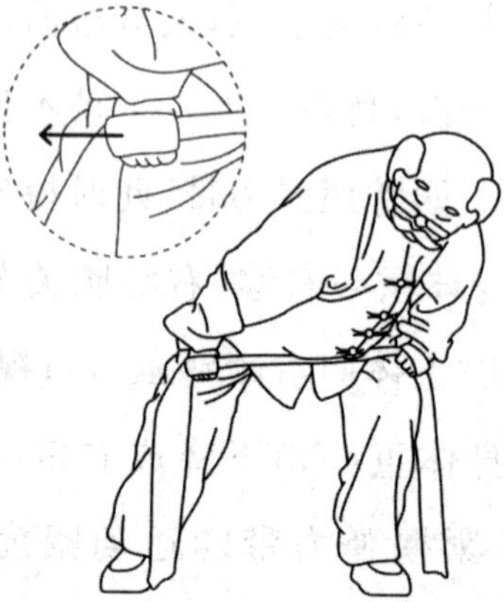

动作 6：身体重心稍右移，右髋向右侧送出，尾闾向右、前、左、后旋转至正后方，身体重心移动到两腿间。膝关节弯曲，头向左、向后转至正后方，目视上方。

动作 7：下颌和尾闾内收，身体重心下蹲成马步，目视前方。

• **右式**

动作 8：两拳握弹力带自胸前翻转上托至头斜上方，拳心朝上，肘关节微屈，目视前方。

动作 9：身体重心下降，两腿徐徐屈膝下蹲成马步，同时两臂从两侧落下，肘关节弯曲，两拳扶于两膝盖上方，手腕松沉，目视前方。上动不停，身体重心稍起，目视前方。两臂握弹力带，此时持放松状态。

动作 10：身体重心左移，左腿膝关节弯曲，右腿膝关节稍屈，同时上体向左倾斜 45°，目视前方。

动作 11：身体重心稍下降成左偏马步状，上体左转俯身，双手紧握弹力带随运动幅度拉伸，目视左脚尖。

动作 12：上动不停，身体重心右移成右偏马步状，上体保持俯身右旋至右斜前方，双手紧握弹力带随运动幅度拉伸，目视左脚跟。

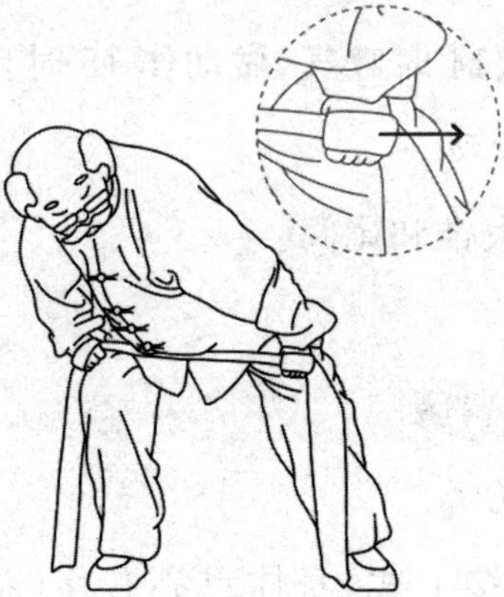

动作 13：身体重心稍左移，左髋向左侧送出，尾闾向左、前、右、后旋转至正后方，身体重心移动到两腿间，膝关节弯曲，头向右、向后转至正后方，目视上方。

动作 14：下颌和尾闾内收，身体重心下蹲成马步，目视前方。

动作 15：身体重心回正，慢慢站直，两臂自然回落下垂，收回左脚至预备式动作 1 并步状态，目视前方。

本式一左一右为 1 遍，共做 3 遍。

2.呼吸方法

做动作 1、2、3 和动作 8、9、10 时维持吸气状态，做动作 4、5 和动作 11、12 时呼气，做动作 6、13 时吸气，做动作 7、14 时呼气，做动作 15 时自然呼吸。

3.意念活动

意念在大椎和尾闾。

两手攀足固肾腰

1.动作说明

动作 1：接上式，身体重心右移，左脚向左开步，与肩同宽，双手缠绕弹力带两端后握拳，自然垂落于身体两侧(弹力带起始位置)，目视前方。

动作 2:躯干伸直稳定，两臂于身体前方垂直上举，拳心朝前，肘关节伸直，目视前方。

动作 3:上动不停，两臂握弹力带慢慢下落于胸前拉伸，将弹力带拉至最大限度。过程中尽量保持肘伸直，拳心朝下，目视前方。

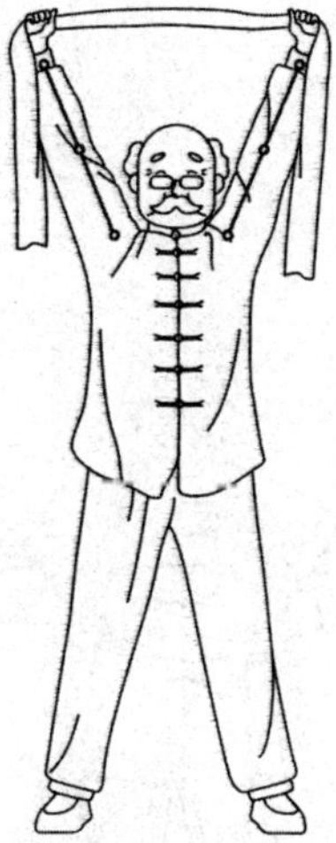

动作 4:两臂握弹力带慢慢放松，同时两臂外旋，两拳心朝上，经腋下后反插，目视前方。两拳心贴背，沿脊柱两侧向下摩运至臀部，目视前方。

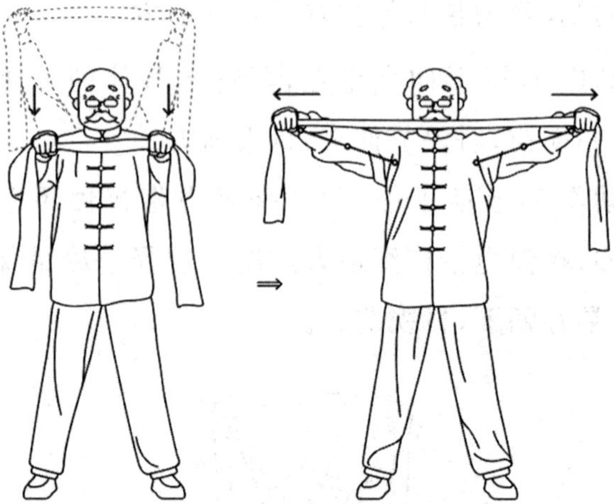

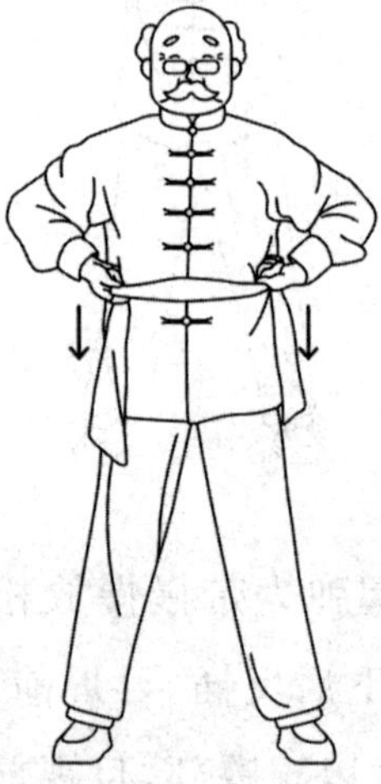

动作 5:上体前俯,双拳握弹力带沿大小腿后侧滑至后脚踝,再滑置前脚尖,同时两臂握弹力带慢慢拉伸至最大限度,拳心朝下,目视下方,弯腰幅度不宜过度勉强。

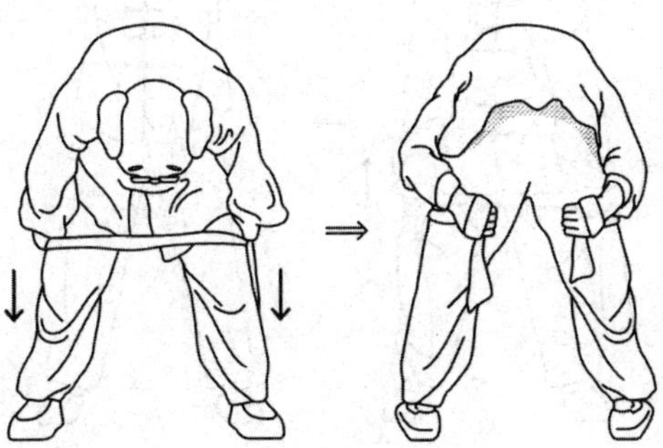

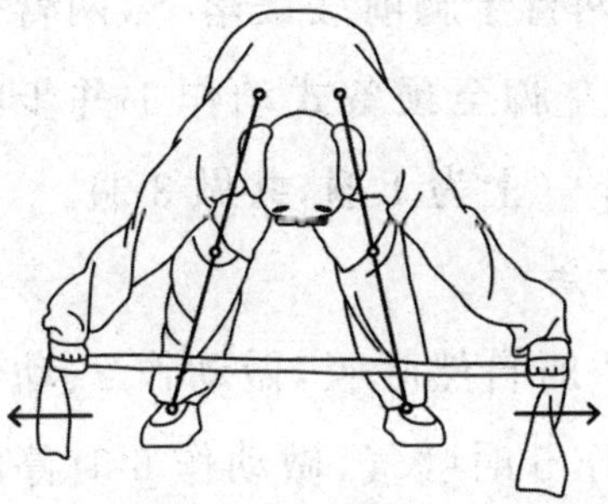

动作 6:上动不停,两拳握弹力带放松后,两拳沿地面向前、向上远伸,以两臂带动上体抬至水平,目视前下方。

动作 7:两臂继续向前、向上举至头上方,上体起立,两拳心朝前,与肩同宽,目视前方。

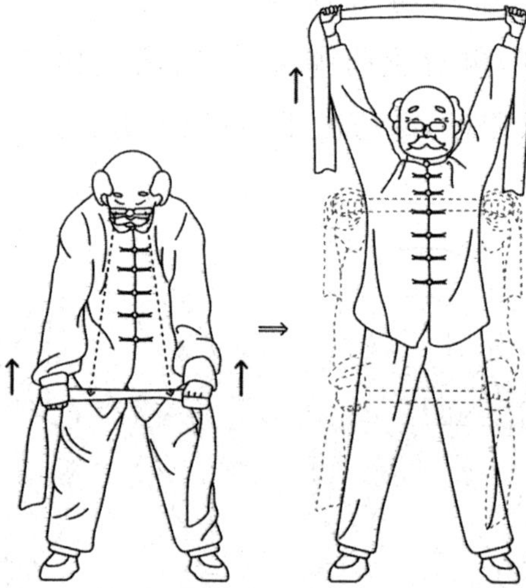

动作 8：两臂于胸前缓缓落下，两臂伸直，保持躯干伸直，收回左脚至预备式动作 1 并步状态，目视前方。本式一下一上为 1 遍，共做 3 遍。

2.呼吸方法

做动作 1 时自然呼吸，做动作 2、动作 4 时吸气，做动作 3、动作 5 时呼气，做动作 6 时停闭呼吸，做动作 7、动作 8 时自然呼吸。

3.意念活动

意念在命门，拉伸腰脊。

攒拳怒目增气力

1.动作说明

此动作分为左右两式。

• **左式**

动作1:接上式,身体重心右移,左脚向左开步,略宽于两肩,两腿徐徐屈膝下蹲成马步。双手缠绕弹力带两端后握拳,自然放在腰前,拳心向上(弹力带起始位置),目视前方。

动作2:右拳握住弹力带一端保持不动,左拳握住弹力带一端向左上方出拳,与肩同高,拳心变为朝下,将弹力带拉伸至最大限度。此过程中拳越握越紧,眼睛看向左拳并逐渐睁大,同时脚趾抓地,停留

2s,保持肘关节伸直,躯干伸直稳定。

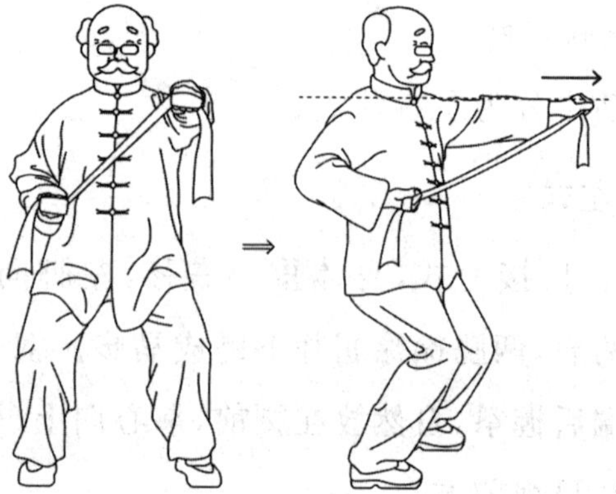

- **右式**

动作 3:左拳慢慢回收至腰前,握住弹力带一端保持不动,右拳握弹力带一端向右上方出拳,与肩同高,拳心变为朝下,将弹力带拉伸至最大限度。此过程中拳越握越紧,眼睛看向右拳并逐渐睁大,同时脚趾抓地,停留 2s,保持肘关节伸直,躯干伸直稳定。

动作 4:右拳慢慢回收至腰前,双腿之间重心上升恢复站姿,回收左脚至预备式动作 1 并步状态,目视前方。

本式一左一右为 1 遍,共做 3 遍。

2.呼吸方法

自然呼吸,出拳和停留时停闭呼吸。

3.意念活动

意念在命门，两眼微带怒气。

背后七颠百病消

1.动作说明

动作1：接上式，双手缠绕弹力带两端后握拳，两拳握弹力带自然放松于腰两侧（弹力带起始位置）。立项竖脊，后顶领起，沉肩垂肘，提肛收腹，同时，脚跟提起，脚趾抓地，动作略停，目视前方。

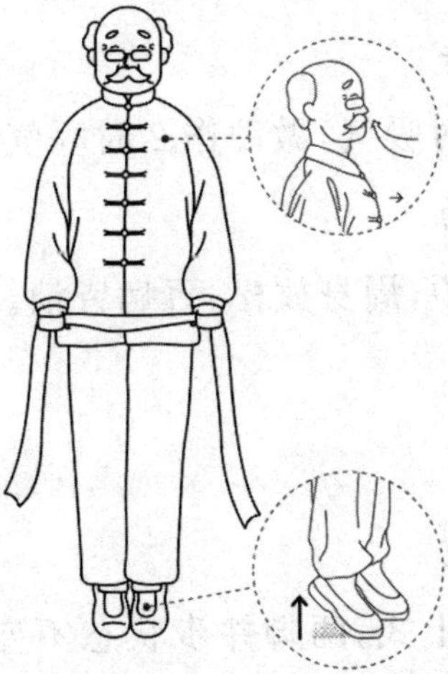

动作2：脚跟徐缓下落，轻震地面，同时，咬牙，沉肩，舒臂，周身放松，目视前方。

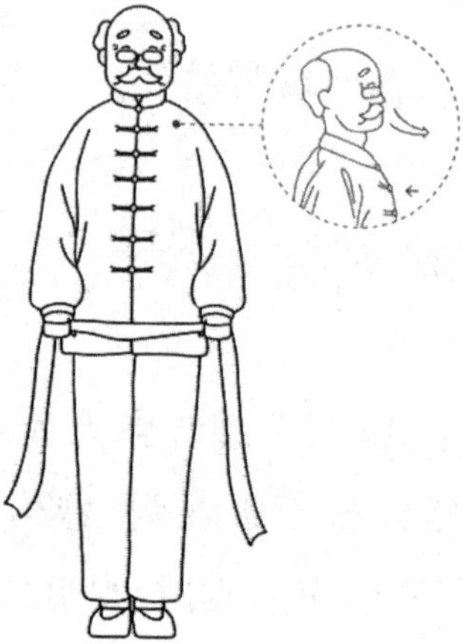

本式一起一落为 1 遍，共做 7 遍。

2.呼吸方法

做动作 1 时吸气，做动作 2 时呼气。

3.意念活动

意念在后顶，周身放松，百病皆消。

收势

1.动作说明

动作 1：接上式，两脚并步状态不变，躯干保持伸直稳定，双手缠绕弹力带两端后握拳，两臂自然垂于体前，后于身体正前方抬起，不要超过肩部。

动作 2：双臂自然于胸前落下，沉肩垂肘，胸部自然舒展，腹部放松，目视前方，静养片刻，结束做操。

收势

2.呼吸方法

做动作 1 时吸气，做动作 2 时呼气。

3.意念活动

周身放松，气沉丹田。

放松动作

1.动作说明

动作 1：小腿拉伸

两臂分开，按扶在墙上。两腿分开，一个在前，一个在后；前腿弯曲，后腿伸直，两脚均伸直向前；后脚跟放在地上，感觉到小腿肌肉有拉伸感，保持15～30s后，换腿。

小腿拉伸

动作 2:上臂三头肌拉伸

将左臂向身体右侧伸展,用右手按压左臂肘关节使之尽可能贴近右肩,保持 15～30s 后,换胳膊。

三头肌拉伸

动作 3:开胸式拉伸

站姿,双手在身后握住;挺胸,肩胛骨上端用力向中间挤压；保持 15s，做 3 次深长呼吸。

开胸式拉伸

2.呼吸方法

做动作 1、动作 2 时自然呼吸，做动作 3 时深长呼吸。

第二节　动作协调要点

	动作名称	调身原则	调心原则	调息原则
第一式	八段锦：两手托天理三焦	两掌上托至胸前，两臂内旋向上托起	顶天立地，三焦通畅	拉伸时呼气
	弹力带：扩胸式	于胸前向两侧水平拉开弹力带		

动作示意：

两手托天理三焦

	动作名称	调身原则	调心原则	调息原则
第二式	八段锦：左右开弓似射雕	左掌向左推出，右龙爪向右平拉	拉弓时意念夹脊，定势时意在指尖	拉伸时呼气
	弹力带：拉弓式	前臂伸直固定弹力带，另一手臂向后拉		

动作示意：

左右开弓似射雕

	动作名称	调身原则	调心原则	调息原则
第三式	八段锦：调理脾胃须单举	左臂内旋上举，右臂内旋下按	动作拉伸定势时意念上手擎天、下手拄地，升清降浊	自然呼吸
	弹力带：侧拉弓式	弹力带向后绕过身体后方肩部，两手分别握弹力带两端，左臂拉弹力带上抬，右臂拉弹力带下压		

动作示意：

调理脾胃须单举

	动作名称	调身原则	调心原则	调息原则
第四式	八段锦：五劳七伤往后瞧	两臂外旋，后两臂内旋按于髋旁	意念丹田	下压时呼气
	弹力带：夹胸式	弹力带向后绕过身体后方肩部，两手分别握弹力带两端，内旋下压，拉伸弹力带		

动作示意：

五劳七伤往后瞧

	动作名称	调身原则	调心原则	调息原则
第五式	八段锦：摇头摆尾去心火	两掌扶于膝关节上方	意念在大椎和尾闾	自然呼吸
	弹力带：一	双手缠绕弹力带两端后握拳，自然随运动幅度拉伸弹力带		

动作示意：

摇头摆尾去心火

	动作名称	调身原则	调心原则	调息原则
第六式	八段锦：两手攀足固肾腰	两臂向前、向上举起，屈肘下按，沿脊柱两侧向下摩运	意念在命门，拉伸腰脊	拉伸时呼气
第六式	弹力带：深蹲推举	双手缠绕弹力带两端后握拳，随身体移动方向向上一向下一向上自然拉伸弹力带	意念在命门，拉伸腰脊	拉伸时呼气

动作示意：

两手攀足固肾腰

	动作名称	调身原则	调心原则	调息原则
第七式	八段锦：攒拳怒目增气力	左拳向前冲出，左臂内旋，左拳变掌，变掌心向上后握固	意念在命门，两眼微带怒气	自然呼吸，出拳和停留时停闭呼吸
	弹力带：侧拉弓式	右拳保持不动，左拳握弹力带一端向左上方出拳		

动作示意：

攒拳怒目增气力

	动作名称	调身原则	调心原则	调息原则
第八式	八段锦：背后七颠百病消	两脚跟提起，头上顶，两脚跟下落，轻震地面	意念在后顶，周身放松，百病皆消	自然呼吸
	弹力带：—	双手缠绕弹力带两端后握拳，两拳握弹力带自然放松于腰两侧		

动作示意：

背后七颠百病消

第三节　口令版

	动作口令	
1.预备式	口令 1	左脚开步—与肩同宽—沉肩垂肘—目视前方—呼吸自如—心神宁静—意守丹田
2.两手托天理三焦	口令 1	吸气—双手上举—抬头看向指尖方向—顶天立地—三焦通畅
	口令 2	呼气—下落—拉伸弹力带—目视前方—放松弹力带—并步
3.左右开弓似射雕（左式）	口令 1	向左开步—稍宽于肩—吸气—两手伸直放于胸前
	口令 2	呼气—左拉弓—右手拳心朝内—左拳拉伸弹力带，向左推出—目视左拳—意念夹脊
	口令 3	回落—慢收弹力带于胸前—并步—目视前方
左右开弓似射雕（右式）	口令 1	向左开步—稍宽于肩—吸气—两手伸直放于胸前
	口令 2	呼气—右拉弓—左手拳心朝内—右拳拉伸弹力带，向右推出—目视右拳—意念夹脊
	口令 3	回落—慢收弹力带于胸前—并步—目视前方

续表

	动作口令	
4.调理脾胃须单举（左式）	口令 1	向左开步—吸气—左臂上举—拉伸弹力带—目视左掌方向
	口令 2	同时右臂下按—力量聚于掌根—呼气—升清降浊
	口令 3	定势不动—慢收弹力带—自然回落—目视前方
调理脾胃须单举（右式）	口令 1	开步不动—吸气—右臂上举—拉伸弹力带—目视右掌方向
	口令 2	同时左臂下按—力量聚于掌根—呼气—升清降浊
	口令 3	定势不动—慢收弹力带—自然回落—并步—目视前方
5.五劳七伤往后瞧（左式）	口令 1	向左开步—稍宽于肩—两臂外旋—目视前方—意念肩井
	口令 2	吸气—左转腰—头部左后方转动—展肩扩胸—意念大椎
	口令 3	呼气—内旋下压—头部转正—目视前方—挺膝伸直—意念丹田

续表

		动作口令
五劳七伤往后瞧（右式）	口令 1	开步不动—稍宽于肩—两臂外旋—目视前方—意念肩井
	口令 2	吸气—右转腰—头部右后方转动—展肩扩胸—意念大椎
	口令 3	呼气—内旋下压—头部转正—目视前方—挺膝伸直—意念丹田
6.摇头摆尾去心火（左式）	口令 1	向左开步—稍宽于肩—握好弹力带—拳心向内—目视前方
	口令 2	身体重心下降—两拳扶于膝盖—目视前方—意念大椎
	口令 3	重心右移—吸气—右膝弯曲—身体右倾 45°—目视右侧
	口令 4	呼气—左膝伸直—目视左侧
	口令 5	重心回正—慢收弹力带—两臂自然回落—目视前方
摇头摆尾去心火（右式）	口令 1	开步不动—握好弹力带—拳心向内—目视前方
	口令 2	身体重心下降—两拳扶于膝盖—目视前方—意念大椎
	口令 3	重心左移—吸气—左膝弯曲—身体左倾 45°—目视左侧
	口令 4	呼气—右膝伸直—目视右侧
	口令 5	重心回正—慢收弹力带—两臂自然回落—并步—目视前方

续表

		动作口令
7.两手攀足固肾腰	口令1	向左开步—握好弹力带—拳心向内—目视前方
	口令2	吸气—上举—呼气—拉伸弹力带—意念命门—拉伸腰脊
	口令3	吸气—弯腰—双手沿后背—臀部—大腿后侧—小腿后侧—脚踝后—前脚尖
	口令4	呼气—拉伸弹力带—意念命门—拉伸腰脊—放松弹力带
	口令5	两臂向前、向上远伸—上身直立—举至头上方—与肩同宽
	口令6	慢收弹力—并步—自然放松于身体两侧—目视前方
8.攒拳怒目增气力（左式）	口令1	向左开步—稍宽于肩—握好弹力带—放于腰前—拳心向上—目视前方—身体重心下移
	口令2	右拳不动—吸气—左拳向左上方出拳—拳心朝下—左臂伸直—拉伸弹力带—怒目—意念命门
	口令3	呼气—慢收弹力带—回收左拳至腰前—并步—目视前方
攒拳怒目增气力（右式）	口令4	身体重心下移—左拳不动—吸气—右拳向右上方出拳—拳心朝下—右臂伸直—拉伸弹力带—怒目—意念命门
	口令5	呼气—慢收弹力带—回收右拳至腰前—并步—目视前方

续表

		动作口令
9.背后七颠百病消	口令 1	身体自然放松—立项竖脊—脚跟提起—动作略停—意念后顶
	口令 2	脚跟徐缓下落—沉肩舒臂—目视前方
10.收式	口令 1	向左开步—与肩同宽—目视前方—两臂胸前抬起—自然落下—沉肩垂肘—呼吸自如—心神宁静—意守丹田

第四章

弹力带八段锦操问与答

Q:如何把握弹力带八段锦操的动作力量?

A:弹力带八段锦操中调理脾胃须单举、五劳七伤往后瞧、摇头摆尾去心火、背后七颠百病消这四式习练过程中,弹力带自然配合八段锦动作即可,无须刻意用力拉动弹力带。在除此四式外的动作两手托天理三焦、左右开弓似射雕、两手攀足固肾腰、攒拳怒目增气力中,均需在八段锦习练的过程中配合拉动弹力带,此时弹力带拉动时以习练者自身可接受的限度为宜,不应该刻意追求过度的拉动幅度。但也不能因为拉动幅度过小以至于无法达到训练效果。

Q:如何把握弹力带八段锦操的动作节奏?

A:动作节奏作为弹力带八段锦操动作的构成要素之一,是指习练该操各个动作的各个部分按顺序和间隔时间所表现出的强弱关系。但是对于单独的八段锦而言,八段锦的动作节奏并不鲜明,倾向柔和、缓慢,动作转换中则有略微的暂时停顿。与弹力带联合后,弹力带的拉伸与放松与八段锦的动作恰好契合,有助于更好地把握八段锦的节奏,使机体内相关肌肉、关节等松紧配合,更好地激发和启动内气的运行。

Q:如何把握弹力带八段锦操的动作意念?

A:意念主要强调习练者自身对自体的功能心理调节,引导呼吸、体势达到自我锻炼的效果。在弹力带八段锦的习练中,意念的配合至关重要,并不仅仅只是简单地集中精力,而需要排除杂念,保持意念集中,用心领会动作要领,达到动作和呼吸间的有效配合,以达到气血畅通、疏通经络的目的。

Q:弹力带八段锦操对大众有什么健身价值?

A:有研究指出,有氧、抗阻、平衡性、柔韧性和协调训练等运动方式,常相互渗透,协调贯穿在运动的过程中。而弹力带八段锦操这种运动方式的联合,既符合低强度、长时间有氧运动的特征,又符合抗阻运动的特征。一是可以发挥机制互补的优势。二是在相同的时间甚至更短的时间能获得长时间单一方式锻炼同样的运动效果,减轻习练者的锻炼负担和精神压力。三是可以增加运动多样性。长期只进行一种运动方式,会增加运动损伤的发生率,比如长期打乒乓球,容易出现肩部、腕部的劳损;长跑的人,容易患膝关节慢性滑膜炎等。四是可以提高习练者长期运动的兴趣。

此外,习练弹力带八段锦操,可以提升人体的免疫力,同时不受场地限制的特点,使其可以作为居家健身的重要形式,充分发挥出弹力带八段锦操的健身价值。长期参与弹力带八段锦操的锻炼,还能够改善体质,减少患慢性病的风险,达到预防慢性病的目的。通过练习弹力带八段锦操,能够促进习练者的心理健康,调节心神、改善情绪、舒缓压力。

Q:如何把握弹力带八段锦操的运动频率?

A:推荐习练者每周练习 3~4 次,习练一套完整的弹力带八段锦操耗时约 15min,推荐习练者餐后 2h 进行习练较佳,每次可连续练习 2 次或早晚各练习 1 次,以达到推荐运动强度。具体习练时间自行安排,但最好间隔一天进行,因为弹力带作为抗阻运动,不宜连续两天进行练习。

Q:弹力带八段锦操如何选择和更换弹力带工具?

A:弹力带工具市场上选择多样,推荐选择

Thera-Band 弹力带。Thera-Band 弹力带拥有 8 种不同的颜色：黄褐色、黄色、红色、绿色、蓝色、黑色、银色和金色。其不同的颜色代表不同的阻力特性，可以通过选择颜色灵活地调整阻力的大小，比如黄褐色代表阻力最小，金色代表阻力最大。每上升一个颜色排列等级，阻力值大小提高 22%左右。实际应用中，习练者常选用中间四种颜色的弹力带，对应拉伸 1 倍的阻力值依次为：1.4kg（黄色）、1.7kg（红色）、2.1kg（绿色）、2.6kg（蓝色）。

弹力带八段锦操的习练过程中，首先习练者可以自行测评选择适合个人的弹力带，方法如下：习练者在正式训练前，可以看视频跟练进行一套完整的弹力带八段锦操，依据 PRE 主观体力感等级评定表（完整版见附录五）判断运动强度，评分 12～14 分（自觉有点吃力）即为适宜强度的负荷。

随着运动习练的频率增加，为保证习练者维持有效的运动强度，需要习练者定期评估是否要进行弹力带更换。评估一般每 2 周 1 次，出现以下任意一种情况时：①心率＜(220－年龄)×60%或 PRE＜11 分；②心率＞(220－年龄)×80%或 PRE＞15 分；可增加或降低负荷选用阻力值不同颜色的弹力带。如果习练者无法自行评估判断,则需要经专业人员评估后选择和更换弹力带。

Q:弹力带八段锦操中特别的注意事项有哪些?

A:对于大部分,尤其是刚接触使用弹力带的习练者而言,特别要注意避免弹力带过伸,即勿将弹力带拉伸长度>原长度的3倍。进行下肢运动需要踩踏弹力带时,注意避免弹力带卷曲,以防不慎滑倒。此外,使用弹力带时避免对折使用,因为对折时弹力带的阻力会相应增大,容易造成运动损伤。

Q:习练弹力带八段锦操为什么要进行安全性评估?习练者如何自行评估判断?

A:安全性评估不仅关系到习练者的运动效果,同时还关系到习练者自身的健康安全,避免习练者在运动时发生损伤和出现意外。运动前习练者可进行最简单易行的自我评估方式,首先可以通过Berg平衡量表(见附录四)进行平衡性评估,同时运动前后及过程中通过运动日记及主观体力感等级评定量表评估安全性(见附录五)。一旦自觉不适即刻暂停运动,由专业人员进行评估后调整运动强度。

Q:弹力带八段锦操何结合呼吸进行动作的拉伸?

A:弹力带八段锦操中以遵循八段锦的呼吸原则为准,弹力带顺应八段锦的呼吸原则,同时通过弹力带规范八段锦的呼吸,相辅相成,一般均遵循吸气放松、呼气用力的原则。

参考文献

[1]Colberg Sheri R, Sigal Ronald J, Yardley Jane E, et al. Physical Activity/Exercise and Diabetes: A Position Statement of the American Diabetes Association[J]. Diabetes care, 2016,39(11):2065-2079.

[2]Evenson Kelly R, Arredondo Elva M, Carnethon Mercedes R, et al. Physical Activity and Sedentary Behavior among US Hispanic/Latino Youth: The SOL Youth Study[J]. Medicine and science in sports and exercise, 2019, 51(5): 891-899.

[3]陈峰英，陆云，黄圣雁，等. 2 型糖尿病患者中医延续护理方案的制订及实践[J]. 中华护理杂志，2018,53(11):1356-1359.

[4]“健康中国 2030”规划纲要[J]. 中国肿瘤，2019，28(10):724.

[5]Michaliszyn S F, Melinda H, Spezia F M. Patterns of Physical Activity Adherence by Adolescents With Diabetes or Obesity Enrolled in a Personalized Community-Based Intervention[J].

The Diabetes educator，2018,44(6):519-530.

[6]张晋，宋昌梅，杲春阳，等. 中医传统功法治疗原发性高血压疗效 Meta 分析[J]. 西部中医药，2021,34(05):79-84.

[7]李燕峰，苏书贞，白雪艳，等. 传统健身功法对老年人健康状况的研究进展[J]. 护理实践与研究，2020,17(09):38-40.

[8]朱婧，袁静云. 糖尿病患者运动疗法的应用现状[J]. 当代护士(中旬刊)，2018,25(02):3-5.

[9]董德刚，喻治达，余忠舜. 健身气功·八段锦对痰湿壅盛型高血压患者的干预作用[J]. 中国应用生理学杂志，2020,36(02):157-160.

[10]朱洁. 八段锦联合阻抗运动对急诊 PCI 术后患者心功能及心理方面的影响[D]. 湖南中医药大学，2020.

[11]汤慧敏. 八段锦运动辅助治疗慢性心力衰竭的临床研究[D]. 广州中医药大学，2019.

[12] MyongWon S，SungWoo J，SungWoo K，et al. Effects of 16 Weeks of Resistance Training on Muscle Quality and Muscle Growth Factors in

Older Adult Women with Sarcopenia: A Randomized Controlled Trial [J]. International journal of environmental research and public health, 2021,18(13).

[13] Yamamoto Y, Nagai Y, Kawanabe S, et al. Effects of resistance training using elastic bands on muscle strength with or without a leucine supplement for 48 weeks in elderly patients with type 2 diabetes.[J]. Endocrine journal, 2020,68(3):291-298.

[14] Vidar A, Helene P, Steiro F M, et al. Acute Effects of Elastic Bands as Resistance or Assistance on EMG, Kinetics, and Kinematics During Deadlift in Resistance-Trained Men[J]. Frontiers in Sports and Active Living, 2020.

[15]郑桂花，楼慧玲，王镜桃，等. 弹力带抗阻训练对改善老年人骨骼肌功能的研究[J]. 广州医药，2021,52(02):50-53.

[16]曹昺焱，饶毅，胡光迪，等. 八段锦源流考辩[J]. 医学与哲学，2021,42(12):74-77.

[17]Kim K, Han J W, Kim Y M. Effects of elastic band resistance exercises with breathing techniques on pulmonary function in female seniors [J]. Journal of exercise rehabilitation, 2019,15 (3):419-423.

[18]石涵,刘长信,李思娜,等.八段锦“两手托天理三焦”动作分析及其临床应用[J].中医杂志,2021,62(16):1462-1464.

[19]国家体育总局健身气功管理中心.健身气功·八段锦[M].人民体育出版社,2011.

[20]Li M, Fang Q, Li J, et al. The Effect of Chinese Traditional Exercise-Baduanjin on Physical and Psychological Well-Being of College Students: A Randomized Controlled Trial [J]. PLOS ONE, 2015,10(7).

[21]中国老年医学学会老年内分泌代谢分会.中国老年2型糖尿病诊疗措施专家共识(2018年版)[J].中华内科杂志,2018,57(09):626-641.

[22]Misra A, Nigam P, Hills A P, et al. Consensus physical activity guidelines for Asian Indians[J].

Diabetes technology & therapeutics, 2012, 14 (1):83-98.

[23]冯苏文,赵春艳,许方蕾.糖尿病患者运动管理评价指标的研究进展[J].中华护理杂志,2021,56(11):1741-1746.

[24]国家体育总局健身气功管理中心. 健身气功·八段锦[M]. 北京:人民卫生出版社,2018.

[25]高洪伟,武曦蔼,谢玲玎,等. 中国糖尿病远程管理专家共识(2020 版)[J]. 中日友好医院学报,2020,34(06):323-332.

[26]Sigal R J, Armstrong M J, Bacon S L, et al. Physical Activity and Diabetes [J]. Canadian Journal of Diabetes, 2018,42:S54-S63.

[27]中华医学会糖尿病学分会. 中国 2 型糖尿病防治指南(2020 年版)[J]. 中华糖尿病杂志, 2021,13(04):315-409.

[28] Aschner P. New IDF clinical practice recommendations for managing type 2 diabetes in primary care [J]. Diabetes research and clinical practice, 2017,132:169-170.

[29]中华医学会糖尿病学分会糖尿病教育与管理学组. 中国 2 型糖尿病自我管理处方专家共识(2017 年版)[J]. 中华糖尿病杂志，2017,9(12)：740-750.

[30]Seaquist El R，Anderson J，Childs B，et al. Hypoglycemia and diabetes：a report of a workgroup of the American Diabetes Association and the Endocrine Society[J]. Diabetes care，2013,36(5):1384-1395.

[31]Colberg S R，Sigal R J，Yardley J E，et al. Physical Activity/Exercise and Diabetes：A Position Statement of the American Diabetes Association[J]. Diabetes care，2016，39(11)：2065-2079.

[32]Colberg S R，Sigal R J，Fernhall B，et al. Exercise and Type 2 Diabetes：The American College of Sports Medicine and the American Diabetes Association：joint position statement [J]. Diabetes Care，2010,33(12):e147-e167.

[33]Ross R，Chaput J，Giangregorio L M，et al. Canadian 24-Hour Movement Guidelines for Adults

aged 18 - 64 years and Adults aged 65 years or older: an integration of physical activity, sedentary behaviour, and sleep[J]. Applied Physiology, Nutrition, and Metabolism, 2020,45(10 (Suppl. 2)): S57-S102.

[34]Bouaziz W, Lang P O, Schmitt E, et al. Health benefits of multicomponent training programmes in seniors: a systematic review [J]. International Journal of Clinical Practice, 2016,70(7):520-536.

[35]张爽，陈影，孙娜雅，等. 综合运动训练对老年糖尿病患者衰弱和躯体功能的影响[J]. 中华护理杂志，2020,55(10):1445-1451.

[36]江莎，金丽，于雯. 2 型糖尿病患者有效持续运动时间的研究[J]. 护理学杂志，2016,31(13): 11-13.

[37]刘懿翀."体医融合"视域下健身气功八段锦的实践价值探究[J].运动精品，2021,40(11):85-86.

附录

附录一　弹力带八段锦操示意图

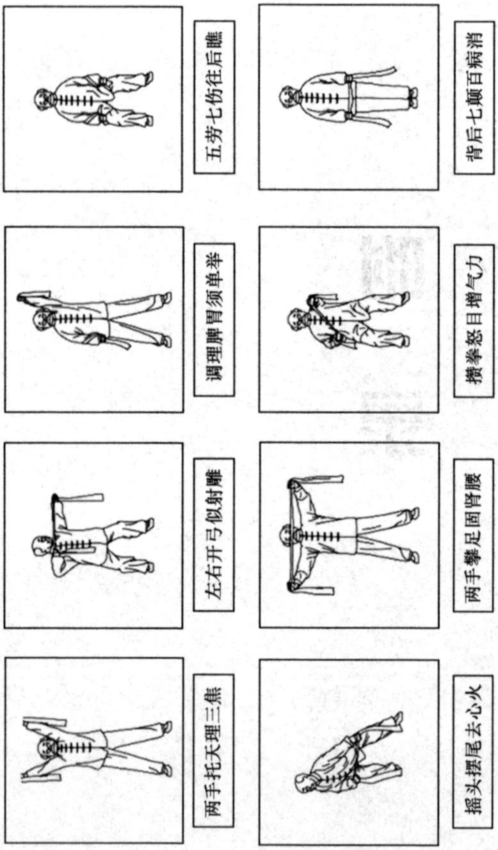

附录二　不同弹力带对应阻力值表

颜色	拉伸一倍时的阻力值(磅数*)
黄褐色	2.4
黄色	3.0
红色	3.7
绿色	4.6
蓝色	5.8
黑色	7.3
银色	10.2
金色	14.2

* 1 磅＝0.454kg

附录三　糖尿病综合医学评估表

病史

· 糖尿病发病时的年龄和特征(如:有无糖尿病症状、酮症、是否为 DKA 起病、是否为体检时发现)

· 进餐模式、营养状态、体重变化、睡眠习惯(模式和时间)、运动习惯;营养教育的来源和需求;儿童和青少年要了解生长发育情况

· 补充和替代医学应用的情况

· 筛查社会心理问题和其他影响糖尿病患者自我管理的问题(如经济、后勤、社会资源)

· 吸烟史、饮酒史、药物滥用史

· 糖尿病教育、自我管理、支持来源和需求

· 既往的治疗方案和治疗效果(如 HbA1c 记录)、目前治疗情况包括药物、药物服用的依从性及所存在的障碍评估、饮食和运动的方案以及改变生活方式的意愿

· 血糖监测结果和患者应用监测数据的情况

· DKA 发生史:发生频率、严重程度及原因

· 低血糖发生史:发作时的意识情况、严重程度、发作频率及原因

· 糖尿病相关并发症和合并症史

微血管并发症:糖尿病视网膜病变、糖尿病肾病、神经病变(感觉性包括足部病变史;自主神经性包括性功能障碍和胃轻瘫)

大血管并发症:冠心病、脑血管疾病、外周动脉疾病

合并症:高血压、血脂异常、高尿酸血症等

其他:适当的方法筛查抑郁、焦虑和进食障碍及糖尿病痛苦、口腔疾病

· 对有生育能力的女性,了解避孕和孕前规划

续表

体格检查
· 身高、体重、BMI、腰围；儿童和青少年的生长发育 · 血压测定，包括必要时测量立位血压 · 眼底检查 · 甲状腺触诊 · 皮肤检查（如黑棘皮病，胰岛素注射部位） · 详细的足部检查（视诊、足背动脉和胫后动脉触诊、有无膝、腱反射、痛觉、温度觉、振动觉、单丝尼龙丝触觉）

实验室检查
· HbA1c，如果上一次检查超过 3 个月，则结果不可用 · 在 1 年之内没有如下结果，需要测定空腹血脂谱，包括总胆固醇、LDL-C、HDL-C 和三酰甘油 肝功能 尿常规 尿微量白蛋白与尿肌酐，并计算比值 血肌酐和 eGFR 1 型糖尿病患者血脂异常和年龄＞50 岁的妇女需测定血清 TSH

注：DKA：糖尿病酮症酸中毒；HbA1c：糖化血红蛋白；BMI：体质指数；LDL-C：低密度脂蛋白胆固醇；HDL-C：高密度脂蛋白胆固醇；eGFR：预估肾小球滤过率；TSH：促甲状腺激素

附录四 Berg 平衡量表

量表共 14 项内容，需要您按照这些指令来做动作。当小于 40 分时，患者就有跌倒风险，在 41～56 分时提示其平衡功能良好，21～40 分是有一定的平衡能力，如果是 0～20 分就需要乘坐轮椅。

项目		得分				
		4	3	2	1	0
1	由坐到站	不用手扶持独立稳定地站起	用手扶持独立地站起	经过几次努力用手扶持站起	需要较少的帮助站起	需要中度或最大的帮助站起
2	无支撑站立	安全站立 2min	监护下站立 2min	无扶持下站立 30min	经过几次努力无扶持站立 30s	无扶持不能站立 30s
3	无靠背的坐位	安全坐 2min	监护下坐 2min	坐 30s	坐 10s	没有支撑不能坐 10s
4	站立到坐	少量用手帮助安全地坐下	用手帮助控制身体下降	后方的腿靠着椅子控制身体下降	独立地坐但不能控制身体下降	扶持下坐

续表

项目		得分				
		4	3	2	1	0
5	转移:从椅到椅或床到椅	少量用手帮助下安全转移	大量用手帮助下安全转移	口头提示或监护下转移	需要一人帮助下转移	需要二人帮助下转移
6	闭眼无支撑站立	安全站立 10s	监护下站立 10s	站立 3s	站立稳定但闭眼不超过 3s	需要帮助以防摔倒
7	双脚并拢无支撑站立	自己并拢双脚安全站立 1min	自己并拢双脚监护下站立 1min	自己并拢双脚站立不超过 30min	帮助下并拢双脚站立 15min	帮助下并拢双脚站立不超过 15min
8	站立下向前伸手	向前伸手超过 25cm	向前伸手超过 12.5cm	向前伸手超过 5cm	监护下向前伸手	尝试向前伸手时失去平衡
9	站立时从地板捡起物体	轻松安全地捡起物体	监护下捡起物体	离物体 1cm 不能捡起物体但能独自保持平衡	不能捡起物体,尝试时需要监护	不能尝试或需要帮助维持平衡以防摔倒

续表

项目		得分				
		4	3	2	1	0
10	站立时转身往左、右肩后看	看到双侧后方,重心转移良好	看到一侧后方,另一侧缺乏重心转移	只能轻微侧身,可维持平衡	监护下尝试侧身	帮助下尝试侧身
11	360°转身:顺时针、逆时针两个方向	安全地360°转身:4s内两个方向	安全地360°转身:4s内一个方向	安全地360°转身但速度较慢	口头提示或监护下转身	帮助下转身
12	站立时交替抬腿置于小矮凳上	独立安全地站立,20s内完成8步	独立站,超过20s完成8步	没有监护下完成4步	少量帮助下完成2步或以上	帮助下以防摔倒或不能尝试
13	一只脚放在另一脚前方站立	双脚一前一后独立保持30s	一只脚在另一脚稍前方独立保持30s	更小的步长独立保持30s	帮助下迈步保持15s	站立或迈步时失去平衡
14	单脚站立	独立单脚站立超过10s	独立单脚站立5～10s	独立单脚站立3s或以上	尝试抬腿不能保持3s但能独立站立	不能尝试或帮助下防止摔倒
总分						

附录五　弹力带八段锦操

运动日记

姓　　名：______________

开始时间：______________

请您在做弹力带八段锦时，按照此表评估运动强度是否合适。评分 12～14 分为最佳运动状态。

第一部分　主观体力感等级评定量表

RPE	主观感觉
6	根本不费力
7～8	极其轻松
9	很轻松
10～11	轻松
12～14	有点吃力
15	吃力
16～18	非常吃力
19	极其吃力
20	精疲力竭

此处为示范，请不要在此填写。

第二部分　运动日记（例）

项目 时间			星期一	星期二	星期三	星期四	星期五	星期六	星期日
第一周	您运动了吗？ （√/×）		√	×	×	√	√	√	×
	心率 （次/分）	运动前	74					72	
		运动后	96					100	
	运动开始时间		19:00					15:00	
	运动持续时间		30min					35min	
	主观体力感 等级评定		12 分					15 分	
	运动自我感受		/					动作不习惯，但可以坚持下来	
	是否受伤？ 哪里受伤？		没有受伤					小腿酸	

请您在此处开始填写。

第二部分　运动日记

时间 \ 项目			星期一	星期二	星期三	星期四	星期五	星期六	星期日
第一周	您运动了吗？（√/×）		√	×	×	√	√	√	×
	心率（次/分）	运动前							
		运动后							
	运动开始时间								
	运动持续时间								
	主观体力感等级评定								
	运动自我感受								
	是否受伤？哪里受伤？								

项目 时间			星期一	星期二	星期三	星期四	星期五	星期六	星期日
第二周	您运动了吗？ （√/×）		√	×	×	√	√	√	×
	心率 （次/分）	运动前							
		运动后							
	运动开始时间								
	运动持续时间								
	主观体力感 等级评定								
	运动自我感受								
	是否受伤？ 哪里受伤？								

致　谢

在此感谢在弹力带八段锦操编制过程中提出宝贵指导意见的各位指导老师，以及提供版权申请帮助的胡惠平老师。更要感谢在该操编制过程中参与的志愿者。

弹力带八段锦操运动方案已取得中华人民共和国国家版权局的作品登记证书，登记号为：国作登字-2022-A-10092128（教学版），国作登字-2022-A-10092129（口令版）。